Le Samedi 22 Février 1908

HOTEL DROUOT, SALLE N° 10

à 2 h. 1/2

TABLEAUX ANCIENS

PASTELS, AQUARELLES, DESSINS, GOUACHES

DES ÉCOLES ESPAGNOLE, FLAMANDE, FRANÇAISE,
HOLLANDAISE, ITALIENNE, ETC.

Gravures Anciennes Françaises et Anglaises

EN COULEURS

TABLEAUX MODERNES

AQUARELLES

Pastels, Dessins, Gravures Modernes

BRONZES DE BUGATTI, DALOU, FRÉMIET

EXPOSITION PUBLIQUE

Le Vendredi 21 Février 1908, de 2 heures à 6 heures

COMMISSAIRE-PRISEUR	EXPERT
Me RENÉ LYON	**M. L. MOLINE**
20, rue Le Peletier	18, rue Laffitte, 18

CONDITIONS DE LA VENTE

Elle sera faite *au comptant.*

Les adjudicataires paieront *dix pour cent* en sus des enchères.

Paris. — Imp. de l'Art, Ch. Berger et Cⁱᵉ, 41, rue de la Victoire.

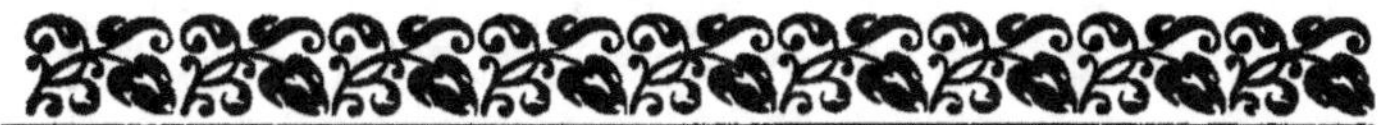

DÉSIGNATION

TABLEAUX ANCIENS

BOUCHER (D'après)

1 — *Le Panier de fleurs.*

BOUCHER (D'après)

2 — *Scène champêtre.*

ÉCOLE ESPAGNOLE

3 — *Madeleine.*
Peinture.

ÉCOLE ESPAGNOLE

4 — *Sainte Elisabeth de Hongrie.*

ÉCOLE ESPAGNOLE

5 — *Nature morte.*
Peinture.

ÉCOLE FLAMANDE

6 — *L'Adoration des Mages.*

ÉCOLE FRANÇAISE

7 — *Canal.*

ÉCOLE FRANÇAISE

8 — *Portrait de Femme, Restauration.*

ÉCOLE FRANÇAISE

9 — *Bataille.*

ÉCOLE FRANÇAISE (xvᵉ siècle)

10 — *Dyptique, grisaille sur toile.*
Suje, religieux.

ÉCOLE HOLLANDAISE

11 — *Tournant du chemin.*

11 *bis* — *Portrait d'un Amiral.*

ÉCOLE ITALIENNE

12 — *Femme au masque.*
Peinture.

ÉCOLE ITALIENNE

13 — *L'Hospitalité.*

LE TITIEN (D'après)

14 — *Vénus.*

MALLET (Attribué à)

15 — *La Toilette.*
Peinture.

PASTELS, AQUARELLES

DESSINS, GOUACHES ANCIENS

BOILLY (Attribué à)

16 — *Les Galeries de bois au Palais-Royal.*
Dessin rehaussé.

DE BOISSIEU (Attribué à)

17 — *Paysage.*
Gouache.

ÉCOLE ALLEMANDE

18 — *Homme d'armes.*
Dessin à la plume.

ÉCOLE FRANÇAISE

19 — *Personnages Directoire.*
Dessin rehaussé.

ÉCOLE FRANÇAISE

20 — *Ruines romaines.*
   Gouache.

ÉCOLE FRANÇAISE

21 — *Personnage Directoire.*
   Dessin rehaussé.

ÉCOLE FRANÇAISE

22 — *Tête d'Enfant.*
   Dessin.

ÉCOLE FRANÇAISE

23 — *Portrait de la Malibran.*
   Dessin au crayon.

ÉCOLE ITALIENNE

24 — *Portrait de la Maréchale d'Ancre.*
   Dessin rehaussé.

FRAGONARD (École de)

25 — *Jeune Fille.*
   Dessin rehaussé.

VAN BLARENBERG (Attribué à)

28 *bis* — *Adoration des Mages.*
   Gouache.

GRAVURES ANCIENNES

ÉCOLE ANGLAISE

26 — *Le Pensionnat.*

Gravure en couleurs sans marges, belle épreuve

ÉCOLE FRANÇAISE

27 — *Le Modèle (Ier Empire).*

Gravure en couleur.

27 *bis* — *Le Soir.*

Gravure en couleurs xviiie siècle, belle épreuve sans marges.

HUCK (D'après)

28 — *Le Nid.*

Gravure anglaise, par Green, bonne épreuve sans marge.

KAULBACH (D'après)

29 — *Maison de Fous.*

Gravure.

TABLEAUX MODERNES

BEAURY-SAUREL (Mme)

3o — *Portrait de Femme.*

Peinture.

BEAURY-SAUREL (Mme)

3i — *Tête de Femme.*

Peinture.

BONNINGTON (École de)

32 — *Marine.*

BOUDIN (E.)

33 — *Voilier, pleine mer.*

CAILLEBOTTE

34 — *Croissy.*

Peinture.

DROLLING (Genre de)

35 — *La Cariole.*

Peinture.

DUPRAY (H.)

36 — *Dragon.*

ÉCOLE MODERNE

37 — *Paysage*.

    Ovale.

ÉCOLE MODERNE

38 — *Enfant à l'orange*.

    Peinture.

ÉCOLE ESPAGNOLE MODERNE

39 — *Village, Nord Espagne*.

ÉCOLE MODERNE

40 — *Espagnole*.

    Toile ovale.

ESPAGNAT (G. D')

40 *bis* — *Nature morte*.

FLERS

41 — *Le Pêcheur*.

GAUSSON

42 — *Environs de Lagny*.

GÉRICAULT (Attribué à)

43 — *Tête d'Homme*.

GILL (And.)

44 — *Cocher pendant l'Exposition.*
Peinture.

GUILLOUX (Ch.)

45 — *La Seine à Conflans.*

GUILLOUX (Ch.)

46 — *La Côte d'Herblay.*

GUILLOUX (Ch.)

47 — *Le Canal de Saint-Denis.*

GROS (École de)

48 — *Éthiopienne.*
Peinture.

HAWKINS

49 — *Bateau échoué.*

JOHANNON

50 — *Moulin de la Galette.*

JUNDT

51 — *La Brasserie.*
Peinture.

LAGERGES

52 — *L'Oasis.*

PILS

53 — *Esquisse pour un plafond.*

RAU (E.)

54 — *Tyrolienne.*
Peinture.

ROY

55 — *La Pêche et le Foyer.*
Deux peintures.

REGNAULT (D'après HENRI)

56 — *Maréchal Prim.*
Peinture, par CABANES.

ROY

57 — *Banquet.*
Peinture.

SCHWAB (MARY)

58 — *Paysage.*

SEURAT

59 — *Montfermeil.*

60 — *Environs du Havre.*
Peintures.

VAN SCHOUTEN

61 — *Poules.*

PASTELS, AQUARELLES
DESSINS MODERNES

BÉTHUNE (GASTON)

62 — Sous ce numéro, plusieurs aquarelles. (Ce lot sera divisé.)

G. BELTRAND

63 — *Femme.*
Aquarelle.

BONFILS

64 — Sous ce numéro, plusieurs aquarelles :
Vues de la Côte d'Azur.

BOUTET

65 — *Jeune Femme descendant de voiture.*
Pastel.

CHÉRET (JULES)

66 — *Jeune Femme assise sur l'herbe.*
Pastel.

DECAMPS

67 — *Chasseur et chiens.*
Etude au crayon.

ÉCOLE MODERNE

68 — *Tête de Femme.*

Pastel.

ÉCOLE MODERNE

69 — *Paysage.*

Pastel.

ÉCOLE MODERNE

70 — *Portrait.*

Dessin.

ESCUDIER

71 — *Femme.*

Dessin au crayon.

FORAIN

72 — *Henner ! Est-ce que tu gobes la peinture ?*

— J'sais pas, j'y posais toujours de dos.

Dessin.

73 — *Au Foyer de la danse.*

Aquarelle.

FROMENTIN

74 — *Rue d'Alger.*

Dessin.

GOEUNEUTTE

75 — *Tête de Femme.*

Dessin.

GUÉRARD

76 — *Un Chat, la nuit.*

Eventail.

Dessin.

HELLEU

77 — *Danseuse.*

Dessin rehaussé.

HELLEU

78 — Au recto : *Femme lisant.*

— Au verso : *Tête de Fillette.*

Dessins rehaussés.

LEMAIRE (Madeleine)

79 — *Roses.*

MONNIER (Henry)

80 — *L'Avocat.*

Aquarelle.

MONNIER (Henry)

81 — *Un Roman chez la Portière.*
    Aquarelle.

MONTZAIGLE (De)

82 — *Vue de Paris.*
    Pastel.

JOSSOT

83 — *Promenade bourgeoise.*
    Aquarelle.

TEN CATE

84 — *Moret.*
    Paslet.

LITHOGRAPHIES

AFFICHES

REPRODUCTIONS MODERNES

CHARPENTIER (A.)

85 — *Fille au Violon.*
Gaufrage.

CHÉRET (Jules)

86 — *Deux affiches.*

CHÉRET (Jules)

87 — *Quatre panneaux décoratifs.*
Lithographiés en couleur.

TOULOUSE-LAUTREC (H. de)

88 — *Le Pendu.*
Lithographie.

MONET (Claude)

89. — *Argenteuil.*
Reproduction en couleurs.

90 — **Lithographies en couleurs de Maurice Denys ; Manuel Robbe ; Raffaelli, etc., etc.**

BRONZES

BUGATTI (R.)

91 — *Groupe de bouquetins*, bronze cire perdue, limité à trois épreuves. Épreuve nº 1.

BUGATTI (R.)

92 — *Bull dog*, bronze cire perdue, limité à trois épreuves. Épreuve nº 2.

DALOU

93 — *Étude de nu* (pour la statue de la République de la place de la Nation), bronze cire perdue, limité à dix épreuves. Épreuve nº 1.

FRÉMIET

94 — *Deux Chiens.*

FRÉMIET

95 — *Chien blessé.* — Sous ce numéro, plusieurs bronzes de Frémiet.

DIVERS

96 — *Portrait de la Duchesse de Berry et de la Duchesse d'Angoulême.*

> Sur fragments de toile de Jouy.
> Cadres en bois sculptés.

97 — Six peintures chinoises.

98 — Sous ce numéro : Emaux; bois sculptés; Sujets verre églomisé; Personnages de la Comédie italienne.

99 — Objets non catalogués.

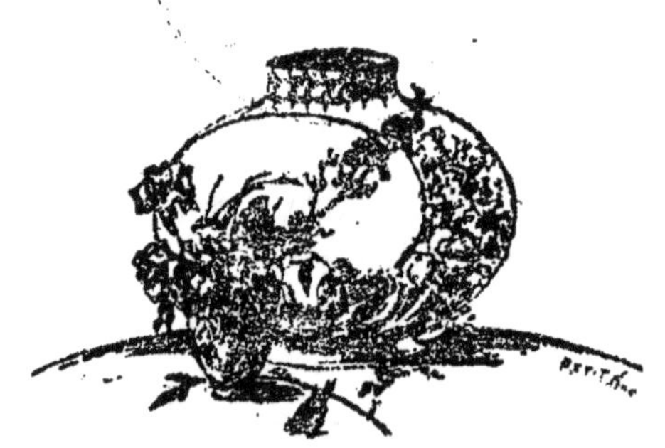